JOHN CLEESE

Kreativ sein und anders denken

echt EMF

John Cleese, geboren 1939 in Weston-super-Mare, England, beendete sein Studium in Cambridge als promovierter Jurist. Schon als Student sammelte er Erfahrungen in einem Theater-Club, bevor er als Gründungsmitglied der Komikergruppe Monty Python Karriere machte. Er schrieb für und spielte in legendären Produktionen wie *Das Leben des Brian* oder *Ein Fisch namens Wanda* und bereicherte zahlreiche weitere Filme und Serien mit seinem Gastauftritten, etwa James Bond oder Harry Potter. Als Autor und Schauspieler war er für namhafte Preise nominiert, unter anderem für mehrere Emmys und einen Oscar.

JOHN CLEESE

Kreativ sein und anders denken

AUS DEM ENGLISCHEN
VON LEENA FLEGLER

echt EMF

Die Originalausgabe erschien 2020 unter dem Titel
Creativity – A short and cheerful guide bei Hutchinson, einem Imprint
von Cornerstone (Penguin Random House), London.

INHALTSVERZEICHNIS

* * * * * * * * * *
* * * * * * * * * *
* * * * * * * * * *
* * * * * * * * * *
* * * * * * * * * *
* * * * * * * * * *
* * * * * * * * * *
* * * * * * * * * *
* * * * * * * * * *
* * * * * * * * * *
* * * * * * * * * *
* * * * * * * * * *
* * * * * * * * * *
* * * * * * * * * *
* * * * * * * * * *
* * * * * * * * * *

EINLEITUNG

Mit Kreativität meine ich einfach neue Denkmuster. Die meisten Menschen glauben, Kreativität gäbe es nur im Zusammenhang mit Kunst – mit Musik, Malerei, auf der Theaterbühne, im Kino, beim Tanz, in der Bildhauerei und so weiter und so fort.

Aber das ist so nicht richtig. Kreativität gibt es in allen Bereichen des Lebens – in der Wissenschaft, im Geschäftsleben, im Sport. Wo immer man Wege findet, Dinge besser zu machen, als sie zuvor gemacht wurden, ist Kreativität im Spiel.

Ein weiterer Mythos lautet, dass dem einen Kreativität in die Wiege gelegt wird, dem anderen nicht. Auch das ist verkehrt. Jeder kann kreativ sein.

Als ich Ende der Vierziger und in den Fünfzigern zur Schule ging, hat kein Lehrer je das Wort „Kreativität" in den Mund genommen. Ist das nicht bemerkenswert?

Nun muss man wissen, dass ich einen naturwissenschaftlichen Schulzweig besuchte – ich habe meinen Abschluss in Mathe, Physik und Chemie gemacht – und dass sich für mich in diesen Fächern natürlich wenig Raum für Kreativität eröffnet hat. Man muss erst eine Menge über Naturwissenschaften lernen, bevor man über eine kreative Herangehensweise an derlei Fächer auch nur nachdenken sollte.

Dann ging ich nach Cambridge und studierte Jura. Und auch da – wenig Kreativität. Es galt lediglich zu

entscheiden, ob eine bestimmte Faktenlage eher für diese oder jene Auslegung sprach.
Aber mal ganz abgesehen von meinem Studienfach war klar, dass im englischen Bildungssystem bis dahin niemand bemerkt zu haben schien, dass es überhaupt nötig war, Kreativität zu lehren.

Und man *kann* Kreativität lehren. Oder genauer: Man kann den Leuten beibringen, wie sie Bedingungen schaffen, innerhalb derer sie kreativ *werden.*

Und genau davon soll dieses Büchlein handeln.

Ein Mythos lautet,
dass dem einen
Kreativität in die
Wiege gelegt wird,
dem anderen nicht.

Das ist verkehrt.
Jeder kann
kreativ sein.

* * * * * * * * * *
* * * * * * * * * *
* * * * * * * * * *
* * * * * * * * * *
* * * * * * * * * *
* * * * * * * * * *
* * * * * * * * * *
* * * * * * * * * *
* * * * * * * * * *
* * * * * * * * * *
* * * * * * * * * *
* * * * * * * * * *
* * * * * * * * * *
* * * * * * * * * *
* * * * * * * * * *
* * * * * * * * * *

DIE KREATIVE GRUND-HALTUNG

Als ich erstmals feststellte, dass ich ansatzweise kreativ sein konnte, war ich völlig baff. Ich war in Cambridge und hatte dort ein paar echt nette Leute kennengelernt, die sich in der Nähe meiner Studentenbude in einem Clubraum trafen und Mitglieder einer Vereinigung namens „Footlights" waren. Die Footlights führten in ihren Räumlichkeiten kleinere Bühnenshows auf und veranstalteten Theater-, Sketch- und Musikabende.

Denen schloss ich mich an – nicht weil ich die Absicht gehabt hätte, ins Showbusiness zu gehen. Nie im Leben! Ich würde definitiv Anwalt werden. Ich trat dem Verein nur bei, weil die Mitglieder die nettesten Leute waren, die ich in Cambridge kannte. Sie waren eine angenehme Gesellschaft – klar, immerhin waren sie auf die eine oder andere Weise lustig –, außerdem bildeten sie eine spannende Mischung aus sozialen Schichten und akademischen Fachrichtungen. Aus unerfindlichen Gründen – womöglich, weil sie alle einen Sinn für Humor hatten – waren sie weder hochnäsig, großspurig noch im Geringsten selbstverliebt.

Um den Footlights beizutreten, musste man zunächst ein eigenes Stück schreiben. Ich schrieb also ein paar Sketche. Dann der nächste Schritt.

Wie sich zeigen sollte, stellten sie einmal im Monat einen sogenannten *Smoker* auf die Beine – kurz für das altehrwürdige *Smoking Concert:* eine Veranstaltung auf der Footlights-Vereinsbühne, an der sämtliche Mitglieder teilnahmen. Weil jeder Einzelne auf die Bühne musste, um etwas zum Besten zu geben, waren wir alle darauf bedacht, eine nette, freundschaftliche

Atmosphäre zu schaffen, damit optimale Rahmenbedingungen herrschten, wenn man zum ersten Mal dort auftrat.

Ausgerechnet während ich jene Sketche schrieb – das erste Mal, dass ich bewusst meine Fantasie einsetzen sollte –, dämmerte mir, dass ich tatsächlich „kreativ" sein konnte. Oder vielmehr: dass ich etwas niederschreiben und später vortragen konnte, was Leute zum Lachen brachte. Und noch genauer: dass das, was ich da schrieb, originell war. (Was nicht bedeutet, dass mich nicht jede Menge Leute beeinflusst hätten – Leute oder Comedyshows, die ich großartig fand, insbesondere die *Goon Show*. Aber was da auf dem Papier entstand, war ... meins.)

Und dann wurde mir nach und nach bewusst, dass noch etwas anderes spannend war. Und im Übrigen ziemlich merkwürdig.

Wenn ich abends allein einen Sketch schrieb, geriet ich oft irgendwann ins Stocken, saß an meinem kleinen

Schreibtisch und zermarterte mir das Gehirn. Nach einer Weile gab ich dann auf und ging ins Bett.

Sobald ich morgens aufwachte, mir einen Kaffee gekocht hatte und zurück an meinen Schreibtisch schlurfte, lag die Lösung, mit der ich am Vorabend sosehr gerungen hatte ... förmlich auf der Hand! Sie war so offensichtlich, dass ich gar nicht richtig verstehen konnte, warum ich nicht schon tags zuvor darauf gekommen war. Aber ich war nicht darauf gekommen.

Allmählich kam ich zu einem Schluss: **Wenn ich vor dem Schlafengehen an einer Sache herumtüftelte, hatte ich oft über Nacht eine kleine kreative Idee,** die jedwedes Problem löste, mit dem ich mich abgemüht hatte. Es war wie ein Geschenk, wie eine Belohnung für mein vorangegangenes Rätseln und Grübeln. Irgendwann sagte ich zu mir: „Es kann doch nur folgendermaßen sein: Während ich schlafe, arbeitet mein Kopf weiter an dem Problem, damit er mir morgens die Lösung präsentieren kann.“

Diese Schlussfolgerung kam mir doch sehr spanisch vor. Ich war bislang davon ausgegangen, dass Denken mit gerunzelter Stirn und Verbissenheit zu tun hatte.

Und während ich mich immer noch darüber wunderte, passierte noch etwas anderes.

Hin und wieder arbeitete ich mit meinem Freund Graham Chapman zusammen und wir hatten gerade eine Parodie einer Church-of-England-Predigt geschrieben. (Damals waren Graham und ich von Späßen, die wir aus der Bibel ableiten konnten, regelrecht besessen – und zwar so sehr, dass Besucher auf meinem Schreibtisch die King-James-Bibel entdeckten und sagten: „Oh, du hast wieder Sketche geschrieben.“)

Graham und ich hatten auf jeden Fall einen ziemlich guten Sketch geschrieben, wie wir fanden. Deshalb war es mir ganz schrecklich unangenehm, als ich feststellte, dass ich das Skript verlegt hatte. Mir war klar,

Graham wäre stinksauer, also setzte ich mich nach vergeblicher Suche hin und schrieb das Ganze aus der Erinnerung nieder. Es war tatsächlich leichter, als ich befürchtet hatte.

Dann fand ich das ursprüngliche Skript doch wieder und sah aus reiner Neugier nach, wie gut ich mich beim zweiten Versuch daran hatte erinnern können. Seltsamerweise stellte die Version aus meinem Gedächtnis eine Verbesserung gegenüber derjenigen dar, die Graham und ich eingangs geschrieben hatten. Jetzt war ich komplett verwirrt.

Erneut musste ich zu dem Schluss kommen, dass mein Gehirn, auch nachdem Graham und ich fertig gewesen waren, weiter über den Sketch nachgedacht hatte – und dass es obendrein verbessert hatte, was wir gemeinsam verfasst hatten, ohne dass ich es mir bewusst vorgenommen hätte. Ich hatte mir eine bereits verbesserte Version ins Gedächtnis gerufen.

Sobald ich darüber nachdachte, dämmerte mir, dass es in etwa wie beim sogenannten Zungenspitzenphänomen war: wenn man sich an einen Namen nicht mehr erinnern kann und sich das Hirn zermartert und einfach nicht mehr darauf kommt ... und nur ein bisschen später, wenn man gerade an etwas anderes denkt, fällt einem der Name plötzlich wieder ein. Da hat das Gehirn eindeutig weitergearbeitet, nachdem man selbst bereits aufgegeben hat.

So schwante mir also nach und nach, dass **mein Gehirn unbewusst weiter an Sachen arbeitete, ganz ohne dass ich mir darüber im Klaren war.**

Nun ist das Problem mit dem Begriff „unbewusst", dass er in vielerlei Hinsicht immer gleich auf Sigmund Freud und die Psychoanalyse verweist. Für Freud war „das Unbewusste" eine Art Mülleimer, in dem man all seine fiesen Gedanken und Gefühle entsorgt, die einem Angst machen oder peinlich sind.

Man drückt verzweifelt den Deckel drauf, bis einem die Puste ausgeht, und dann kommt der Nervenzusammenbruch.

Ich selbst benutze das Wort „unbewusst" ein wenig anders. Ich beschreibe damit, was in uns allen natürlicherweise und jederzeit vor sich geht und uns davor bewahrt, von der schieren Menge der Fragen komplett überfordert zu sein, mit denen wir uns im Alltag beschäftigen müssen.

Nur ein Beispiel – aus der Physiologie: Wenn Sie gegessen haben, fängt Ihr Körper an, die Mahlzeit für Sie zu verdauen. Sie haben schlichtweg nicht die Möglichkeit, das zu steuern, indem Sie sich den Verdauungsprozess bewusst machen; Sie können Ihrem Körper die Sache allenfalls erleichtern, indem sie beispielsweise nicht direkt vor einem 400-Meter-Sprint zwei Desserts verputzen.

Oder wenn Sie ans Blinzeln denken, an eine juckende Stelle oder dass Sie sich über die Lippen lecken: alles Vorgänge, die üblicherweise ablaufen, ohne dass

Sie sich dessen bewusst wären, was Sie gerade tun. Wenn jemand einen Ziegelstein nach Ihnen wirft, ducken Sie sich. Sie wägen nicht erst sorgsam die Alternativen ab.

Dasselbe Prinzip gilt sogar für deutlich komplexere Handlungen, die erlernte Fähigkeiten erfordern: Sie können sich rasieren oder anziehen oder sich die Schuhe zubinden, ohne sich auf den genauen Ablauf zu konzentrieren. Ihr Körper kennt all die nötigen Handgriffe und führt sie tatsächlich sogar *besser* aus, wenn Sie *nicht* darüber nachdenken. Wenn Sie sich das nächste Mal die Schuhe zubinden, versuchen Sie mal, sich nur darauf zu konzentrieren. Sie werden feststellen, dass es Ihnen sehr viel schwerer fällt.

Das Gleiche gilt für das Sprechen. Sie benutzen die ganze Zeit die richtigen Wörter – ohne den blassesten Schimmer zu haben, wie die Ihnen einfallen konnten. Sie sollen ein chinesisches Tier mit fünf Buchstaben nennen, das sich von Bambus ernährt und augenblicklich fällt Ihnen „Panda“ ein. Nur *wie* das passiert, können Sie nicht erklären. Hat Ihr Gehirn erst in der „China“-Schublade nachgeschaut, in der „Tier“-Schublade oder in der „Bambusfresser“-Schublade? Oder doch – klar – in der „Fünf Buchstaben“-Schublade? Wir wissen es nicht. Es ist ganz buchstäblich ein unbewusster Prozess.

Und jetzt denken Sie mal an die richtig komplizierten Dinge, die Sie ganz ohne bewusstes Zutun machen: Sie fahren von zu Hause an Ihren Arbeitsplatz – völlig sicher, ohne dass Sie sich auch nur auf einen einzigen muskulären Vorgang konzentrieren, der dabei nötig ist, und das sogar, während Sie im Geiste mit anderen Themen beschäftigt sind. (Wenn dann aber etwas Ungewöhnliches oder Unerwartetes passiert, ist Ihr Bewusstsein sofort wieder voll bei der Sache, Sie sind augenblicklich im Hier und Jetzt und können sich mit dem beschäftigen, was gerade passiert.)

Oder denken Sie an etwas noch Komplexeres –

Klavierspielen beispielsweise. Wenn jemand das macht, denkt er nicht bewusst darüber nach, mit welchem Finger er welche Taste drücken muss. Das läuft unbewusst ab. Allerdings nur, weil man zuvor übt und übt und übt.

Beim Sport ist es das Gleiche. Golfer trainieren den Abschlag, Tennisspieler die Rückhand, Cricketspieler das Fangen, bis all dies keine Mühe mehr macht – Mühe im Sinne von Nachdenken.

Basketball-Topspieler rufen dem Kollegen, der keinen guten Tag erwischt hat, da gern mal zu: „Schalt deinen Kopf aus!", weil ihn jede bewusste Überlegung langsam macht.

Bei der Schauspielerei ist ab dem Moment, in dem man erst nachdenken muss, was man als Nächstes sagen soll, ein Teil der Energie futsch, die man fürs Schauspielern an sich benötigt hätte, weil das Bewusstsein die Energie zum Zweck des sich Erinnerns abgezogen hat.

Dieses intelligente „Unbewusstsein“ in uns ist verblüffend leistungsstark. Es erlaubt uns, die meisten Tätigkeiten im Leben auszuüben, ohne dass wir uns darauf konzentrieren müssten. Ohne diese Fähigkeit könnten wir gar nicht funktionieren. Wir müssten erst über viel zu viele Dinge nachdenken. Was aber nicht heißt, dass unser intelligentes Unbewusstsein immerzu berechenbar wäre.

Das perfekte Beispiel: Ein US-amerikanischer Psychologe hatte einer Gruppe von Versuchspersonen mehrere chinesische Schriftzeichen präsentiert – solche hier:

数 擦 头 跑 趟

Einige Tage später wurden dieselben Versuchsteilnehmer gebeten wiederzukommen, um sich erneut Schriftzeichen anzusehen. Einige Zeichen, die sie sich diesmal ansahen, hatten sie schon in der Vorwoche gesehen, andere waren neu.

东 莞 勤 擦 头 乐 幕

Nun sollten sie diejenigen Zeichen identifizieren, die sie aus der vorigen Sitzung wiedererkannten.

Was dabei herauskam, war – wie Sie sich denken können – komplett hoffnungslos. Als sich die Leute die unvertrauten Zeichen in Erinnerung rufen sollten, waren sie vollkommen aufgeschmissen.

Die Wissenschaftler wiederholten das Experiment mit einer anderen Gruppe. Allerdings sollten die Teilnehmer diesmal am Ende der zweiten Sitzung nicht sagen, welche Zeichen sie bereits kannten, sondern einfach nur benennen, welche sie als positiv empfanden.

Das mag sonderbar klingen, aber die Probanden schienen verstanden zu haben, was von ihnen erwartet wurde, und sie waren imstande zu sagen: „Ja, dieses Zeichen mag ich lieber als jenes andere.“

Und jetzt kommt das Unglaubliche ...

Die Zeichen, die sie am positivsten bewerteten, waren dieselben, die sie schon mal gesehen hatten.

Lassen Sie sich das mal auf der Zunge zergehen. Ihr Unbewusstsein hatte die chinesischen Zeichen der Vorwoche wiedererkannt, nur dass die Probanden auf Zuruf nicht hätten sagen können: „Ja, genau die haben wir letzte Woche gesehen." Stattdessen hatten die Zeichen bei ihnen ein positives Gefühl geweckt.

Und genau *das* ist das Problem mit dem Unbewusstsein: Es ist einem nicht *bewusst.* Sie können es nicht steuern oder mit dem Rohrstock draufhauen; Sie müssen es auf außergewöhnliche, auf ausgekochte Art und Weise hervorlocken – und was immer es Ihnen dann einflüstert, auf den Punkt interpretieren.

Einfach gesagt: Man kann dem Unbewusstsein keine Frage stellen und eine direkte Antwort erwarten – eine saubere, akkurate verbale Aussage. Denn das Unbewusstsein kommuniziert seine Erkenntnisse eben nur in der *Sprache des Unbewussten.*

Und **die Sprache des Unbewussten ist nicht verbal.** Es ist die Sprache der Träume. Sie zeigt Ihnen Bilder auf, sie ruft Gefühle bei Ihnen wach, und sie schubst Sie in eine bestimmte Richtung, ohne dass Sie wüssten, wo es hingehen soll.

Und weil das so wichtig ist, komme ich später noch einmal darauf zurück.

* * * * * * * * * *

* * * * * * * * * *

* * * * * * * * * *

* * * * * * * * * *

* * * * * * * * * *

* * * * * * * * * *

* * * * * * * * * *

* * * * * * * * * *

* * * * * * * * * *

* * * * * * * * * *

* * * * * * * * * *

* * * * * * * * * *

* * * * * * * * * *

* * * * * * * * * *

* * * * * * * * * *

* * * * * * * * * *

HASEN- UND SCHILDKRÖTEN-DENKWEISE

Die Bildungseinrichtungen, die ich besucht habe, waren einzig und allein darauf ausgelegt, uns logisch, analytisch und verbal (oder numerisch) denken zu lehren.

Was sie mir dort *nicht* beibrachten, war, dass diese Art zu denken bei gewissen Problemstellungen zwar völlig richtig ist – bei *anderen* jedoch zu rein gar nichts führt.

Diese grundlegende Erkenntnis wurde mir umso klarer, als ich vor rund zwanzig Jahren das Glück hatte, ein wunderbares Buch von Guy Claxton mit dem Titel *Der Takt des Denkens* zu lesen.

Guy Claxton schildert darin zwei unterschiedliche Arten des Denkens: Die erste, sagt er, ist zuständig für „das Berechnen und Erklären von Dingen [...], das Abwägen von Für und Wider, das Argumentieren und das Lösen von Problemen" und er führt mehrere Beispiele an: „ein Mechaniker, der sich überlegt, warum eine Maschine nicht anspringt, eine Familie, die sich beim Durchsehen von Reiseprospekten darüber streitet, wohin es in den nächsten Sommerferien gehen soll, ein Wissenschaftler, der versucht, ein faszinierendes Versuchsergebnis zu erklären, ein Student, der sich mit einer Prüfungsfrage abmüht. Alle bedienen sich dabei einer Art von Kenntnis, die auf Vernunft und Logik aufbaut, auf überlegtes, bewusstes Denken." Diese Art von flinkem, zielgerichtetem Denken nennt Claxton die „Hasen-Denkweise".

Doch es gibt noch eine andere Art zu denken, schreibt

er: die „Schildkröten-Denkweise". Sie folgt „einem langsameren Takt", ist „weniger zielgerichtet und eindeutig, eher verspielt, versonnen oder verträumt. Dabei sinnen oder denken wir lange über Dinge nach, sind gedankenvoll oder in Gedanken versunken. Wir hängen eher unseren Gedanken nach, als dass wir ein Problem wirklich ernsthaft angehen wollen [...]."

Absolut entscheidend dabei ist, so Claxton, dass **die versonnene „Schildkröten-Denkweise" bei aller augenscheinlichen Ziellosigkeit ebenso „intelligent" ist wie die viel schnellere „Hasen-Denkweise".** „Wissenschaftliche Belege", fährt er fort, „zeigen in überzeugender Weise, dass gemächliche, weniger bewusst ablaufende Denkweisen sich besonders gut dazu eignen, sich in verzwickten, rätselhaften oder zweifelhaften Situationen Klarheit zu verschaffen. [...] Wenn wir nicht so genau wissen, welche Fragen zu klären sind oder was genau in Betracht zu ziehen ist – oder wenn die Sache zu subtil ist, um mit den gewohnten Denkmustern unserer bewussten Denkweise erfasst zu werden –, brauchen wir die Schildkröten-Denkweise“, eine Art von Intelligenz, die „mit schöpferischer Kraft [...] oder gar mit ‚Weisheit‘“ zu tun hat.

Sobald ich diese wunderbaren Sätze gelesen hatte, dämmerte mir, dass meine Lehrer alle dermaßen von logischem, kritischem, analytischem Denken besessen gewesen waren, dass sie gar kein Gespür dafür entwickelt hatten, dass ihre Art zu denken nutzlos war, wenn man kreativ sein wollte; und so wurde nur ihre Denkweise gelehrt.

Erst die Lektüre von Guy Claxtons Buch machte mich mit der „Schildkröten-Denkweise“ vertraut.

Wie können wir also lernen, diese langsamere, kreativere Art zu denken einzusetzen?

Mein Freund Brian Bates, der an der University of Sussex die psychologische Fakultät leitete, erzählte einmal, dass es in den Sechziger- und Siebzigerjahren ein paar richtig gute Forschungsansätze gegeben habe, wie die Leute kreativer werden konnten. Nur kamen die Wissenschaftler nicht sehr weit; weil so vieles rund um Kreativität unbewusst geschieht, gibt es eben Grenzen dafür, was man darüber aussagen kann.

Allerdings erzählte er auch von einem Experiment von ganz grundlegender praktischer Relevanz, das in den Sechzigern in Berkeley in der Nähe von San Francisco durchgeführt wurde. Ein fantastischer Psychologe namens Donald MacKinnon (der im Zweiten Weltkrieg Chef eines Spionagerings gewesen war) hatte sich sehr für Kreativität interessiert – und zwar nicht für die von Künstlern, sondern für die etwa von Ingenieuren und Journalisten.

Ein besonderes Interesse hatte er an Architekten, weil die aus seiner Sicht sowohl kreativ als auch hochgradig praktisch begabt sein mussten. Schließlich ist niemandem mit einem schönen Gebäude gedient, das wieder einstürzt.

Donald MacKinnon fragte eine Handvoll Architekten, wen sie für die kreativsten der Branche hielten. Dann wandte er sich an diese kreativen Architekten und bat darum, ihm zu schildern, was sie den lieben langen Tag taten: von dem Moment an, da sie morgens aufstanden, bis sie sich wieder schlafen legten.

Als Nächstes nahm er sich eine Reihe unkreativer Architekten vor (denen er allerdings nicht erzählte, dass dies der Grund war, warum er sie ausgewählt hatte) und stellte ihnen die gleiche Frage.

Er stellte fest, dass es lediglich zwei Dinge gab, die kreative von unkreativen Architekten unterschieden.

Erstens waren **die kreativen Architekten imstande zu spielen.**

Zweitens **schoben die kreativen Architekten Entscheidungen so lange auf, wie sie konnten.**

Um es mit der Philosophie zu sagen: Schauen wir uns

diese zwei Ergebnisse doch mal genauer an.

Wenn MacKinnon von „Spielen“ spricht, meint er damit die Fähigkeit, sich spielerisch einem Rätsel zu widmen: es nicht nur lösen zu wollen, damit man mit dem nächsten Rätsel weitermachen kann, sondern sich aus reiner Neugier mit einer Fragestellung um ihrer selbst willen zu beschäftigen. Er beschreibt diese Art der Beschäftigung als „kindlich“. Stellen Sie sich kleine Kinder beim Spielen vor: Sie sind so vertieft in das, was sie tun, dass sie sich gar nicht mehr ablenken lassen, sie sind einfach ... Forscher, die nicht wissen, worauf etwas hinausläuft, und denen das Ergebnis an sich egal ist.

Spielende Kinder sind völlig spontan. Sie versuchen nicht, Fehler zu vermeiden. Sie befolgen keine Regeln. Es wäre dumm, zu ihnen zu sagen: „Nein, so ist das nicht richtig.“ Und gerade weil ihr Spiel nicht zielgerichtet ist, sind sie gleichzeitig völlig angstfrei (vielleicht weil die Erwachsenen unterdessen die echte Welt für sie im Blick behalten).

Den meisten Erwachsenen wiederum fällt es schwer, verspielt zu sein – zweifellos, weil sie sich all den Verpflichtungen widmen müssen, die ein Erwachsenenleben nun mal mit sich bringt. Kreative Erwachsene hingegen haben nie vergessen, wie man spielt.

Sehen wir uns jetzt den zweiten Aspekt an, der kreative Architekten ausmacht.

Die meisten dürften überrascht sein zu hören, dass es sich dabei um Aufschieberitis handelt. Denn hieße das nicht, dass kreative Architekten somit erklärtermaßen entscheidungsschwach sind? Wäre das nicht ein bisschen unpraktisch und unrealistisch?

Nein.

Es heißt nämlich nur, dass sie dieses leicht unangenehme Gefühl ertragen können, das wir alle haben, wenn eine wichtige Entscheidung ansteht, weil sie wissen, dass sich die Lösung früher oder später ganz von allein einstellt.

Das will ich gern erklären.

Ich habe einmal ein Drehbuch für einen Motivationsfilm zum Thema „Entscheidungsfindung" geschrieben und dafür mit mehreren Experten aus dem Bereich gesprochen. Sie haben mir erklärt, dass bei Entscheidungen die erste Frage lauten muss: „Bis wann muss ich mich entschieden haben?" Immerhin leben wir in der realen Welt, da gibt es irgendwann eine Deadline.

Aber sobald klar ist, bis wann die Reale-Welt-Entscheidung stehen muss – warum sich vorher entscheiden?

Tja, warum?

Na ja, weil es töricht wäre. Und weil mit ein bisschen mehr Zeit zwei unglaublich wichtige Dinge passieren könnten:

1. Sie könnten neue Informationen erhalten.

2. Ihnen könnten neue Ideen kommen.

Warum also sollten Sie eine Entscheidung fällen, solange Sie nicht müssen?

Weil Ihnen sonst mulmig wird, nur deshalb!

Dazu muss man Folgendes wissen: Manche Leute macht es schier wahnsinnig, wenn eine Frage unbeantwortet und ungeklärt bleibt. Es setzt ihnen zu. Und wenn sie dieses leicht unbehagliche Gefühl nicht ertragen können, dann machen sie lieber Nägel mit Köpfen und treffen ihre Entscheidung. Wahrscheinlich reden sie sich auch noch ein, sie wären entscheidungsfreudig.

Kreative Leute hingegen können mit diesem vagen Gefühl des Unwohlseins, das wir alle

haben, wenn wir etwas unvollendet liegen lassen, viel besser umgehen.

Indem Sie also dieses Unwohlsein aushalten – wie die kreativen Architekten –, können Sie sich Zeit verschaffen, um eine bessere Entscheidung zu treffen.

JETZT ABER ... zurück zum schwierigeren Teil.

Wie lernen wir, wieder wie Kinder zu spielen?

Setzen wir doch mal hier an:

Der größte Kreativitätskiller ist die Unterbrechung. Sie reißt Sie aus allem heraus, worüber Sie nachdenken wollen. Wissenschaftler haben nachgewiesen, dass es nach einer Unterbrechung an die acht Minuten dauern kann, bis man wieder zum vorigen Bewusstseinszustand zurückgekehrt ist, und bis zu zwanzig Minuten, um wieder hoch konzentriert zu sein.

Sehen wir uns diese Unterbrechungen doch näher an...

Es mag sich um eine Störung von außen handeln – beispielsweise um jemanden, der vorbeikommt und etwas mit Ihnen besprechen will, oder eine E-Mail, die in Ihrer Inbox landet. Oder aber die Störung kommt von innen, weil Ihnen plötzlich einfällt, dass Sie doch noch etwas erledigen wollten, weil Ihnen die Zeit davonzulaufen droht oder weil Sie mit einem Mal glauben, dass Sie nicht klug genug sind, um die Nuss zu knacken, mit der Sie sich gerade beschäftigen. (Während ich dies hier schreibe, habe ich jemanden die Treppe herunterkommen hören, und prompt war es mit meiner Konzentration vorbei, woraufhin ich angefangen habe zu überlegen, wie oft das eigentlich passiert – und wieder war ich mit den Gedanken woanders. Erst die äußere Störung, dann eine innere.)

Die vielleicht größte Störung, die aus Ihrem Innern entsteht, entspringt der Angst, Fehler zu machen. So etwas kann einen lähmen. „Oh“, sagen Sie zu sich selbst, „in diese Richtung denke ich besser nicht, weil das FALSCH sein könnte."

Seien Sie versichert: **Wenn Sie kreativ sind, dann gibt es so etwas wie Fehler nicht.**

Der Grund dafür ist ganz einfach: Sie können nie wissen, ob Sie gerade den falschen Weg eingeschlagen haben, ehe Sie ihn bis zum Ende gegangen sind. Wenn Sie also eine Idee haben, bleiben Sie am Ball bis zuletzt, um zu sehen, ob die Idee zünden könnte oder eher nicht. Sie müssen forschen, ohne unbedingt vorab zu wissen, wo Ihre Forschung Sie hinführt. Wie Einstein einst sagte: Wenn wir immer wüssten, was wir tun, hieße es nicht Forschung.

Um also derlei Störungen auszuschließen – seien sie äußerlich oder innerlich – und damit Sie sich auf die „Schildkröten-Denkweise" einlassen können, müssen Sie sich einen sicheren Ort abstecken, an dem Sie spielen können. Dies erfordert einen räumlichen und im nächsten Schritt einen zeitlichen Rahmen.

Sie ziehen *räumliche* Grenzen, um zu verhindern, dass andere Sie stören. Sie schließen die Tür und hängen ein „NICHT STÖREN“-Schild auf. Oder Sie verkriechen sich irgendwo, wo niemand etwas von Ihnen will.

Sie setzen sich *zeitliche* Grenzen und halten für einen definierten Zeitraum Ihre räumlichen Grenzen ein. Beispielsweise entscheiden Sie sich dafür, sich eine definierte Spielzeit zu genehmigen, die in ein paar Minuten beginnt und, sagen wir, anderthalb Stunden andauert. Diese anderthalb Stunden behandeln Sie mit großem Respekt und erlauben sich in dieser Phase keine Unterbrechungen. Und weil Sie wissen, dass dieser Zeitraum heilig ist, können Sie mit dem Spielen loslegen.

Natürlich dauert es eine Weile, bis Sie *wirklich* loslegen können. Mag sein, dass Sie sich beim ersten

Versuch dabei ertappen, wie Sie denken: „Oh, ich hab ganz vergessen, Tom anzurufen!“ Und dann fällt Ihnen ein, dass Sie Ihrer Katze noch kein Geburtstagsgeschenk gekauft haben. Als Nächstes erinnern Sie sich wieder daran, wie peinlich es Ihnen war, als Sie am Vorabend nicht mehr auf den Namen Ihrer Schwester kamen. Dann fragen Sie sich, warum Ihr Bein so juckt und warum Deutschland beim Elfmeterschießen jedes Mal gewinnt – und ob Sie nicht allmählich loslegen sollten, indem Sie sich erst mal einen Kaffee kochen.

Keine Sorge. Das geht allen so.

Es ist genau wie beim Meditieren. Beim ersten Mal, wenn Sie still dasitzen, fällt Ihnen etwas auf, was Sie nie bemerkt haben, während Sie hin und her gehuscht sind – und zwar, dass Ihr Kopf voll mit albernen kleinen Sorgen und Gedanken ist. Oder wie die Hindus sagen: Der Geist ist ein betrunkener, plappernder Affe. Ihnen kommt ein Gedanke nach dem anderen – und jeder einzelne ist völlig banal und unwillkommen.

Was tut man dagegen?

Tja. Leute, die einen stärkeren Willen haben als ich, scheinen imstande zu sein, diese Gedanken einfach beiseitezuschieben. Die Glücklichen! Ich kann das nicht. Stattdessen schreibe ich umgehend alles auf einen gelben Notizzettel auf meinem Schreibtisch – dann muss ich fürs Erste nicht mehr daran denken.

Wenn Sie die störenden Gedanken erst verscheucht haben, dürften Sie feststellen – genau wie bei der Meditation –, dass **Ihr Geist entschleunigt und sich beruhigt und irgendwann stillsteht, je länger Sie dasitzen.** Und wenn das passiert, können Sie anfangen, sich auf das Problem zu konzentrieren, über das sie nachdenken wollen. Sie behalten es einfach vage im Kopf, gerade so im Augenwinkel, während Sie Ihre Gedanken schweifen lassen.

Um zu verhindern, dass sie zu weit schweifen, habe ich einen guten Hinweis für Sie – von meinem guten Freund, dem Drehbuchautor und Oscargewinner Bill Goldmann. (*Zwei Banditen*, *Die Unbestechlichen*, *Die Braut des Prinzen*, *Misery*, *Die Brücke von Arnheim*, *Tollkühne Flieger*, *Vier schräge Vögel*, *Der Marathon-Mann* – muss ich mehr sagen?) Er hat mir mal erzählt, wenn er an einer bestimmten Szene arbeiten wollte, hat er sich den Grundgedanken auf einem Blatt Papier notiert und sich das dann direkt vor die Nase an seinen Bildschirm geklebt. Sobald er sich dabei ertappt hat, dass er mit dem Kopf zu weit weg war, hat er einen flüchtigen Blick auf das Papier geworfen, und allein das hat ihn wieder zu der Sache zurückgeholt, auf die er hinarbeiten wollte.

Sie sitzen also einfach da, irgendwann wird es im Kopf ganz still, und dann tauchen auf einmal komische Gedanken und Ideen auf, die mit Ihrem Thema zusammenhängen. Aber nun sind die ... *komisch!*

Und sie wirken bloß aus einem Grund komisch: weil

sie anders sind, als es unser vertrauter logischer, kritischer, analytischer Geist gewöhnt ist. Es sind auch keine Wörter oder ordentlich formulierten Sätze. Weil sie aus Ihrem Unbewusstsein stammen, sind sie in der Sprache des Unbewussten verfasst.

Sie erinnern sich vielleicht, dass ich das schon mal erwähnt habe.

Denken Sie nur, wie Sie denken, wenn Sie nicht bei Bewusstsein sind. Wenn Sie schlafen. Denken Sie an Ihre Träume. Wenn Sie sich an Ihre Träume erinnern, erinnern Sie sich an Situationen, Sie erinnern sich an Bilder, Sie erinnern sich an Gefühle, Sie erinnern sich an wiederkehrende Muster ... aber nichts davon ist besonders klar und präzise.

Wenn Sie das hier jetzt irgendwie „gefühlig“ finden, lesen Sie mal, was Einstein über das Thema Ideen gesagt hat: „Die Wörter oder die Sprache, so, wie sie geschrieben oder gesprochen werden, scheinen in meinem Denkmechanismus keine Rolle zu spielen. Die psychischen Einheiten, die als Bausteine des Denkens [für mich] zu funktionieren scheinen, sind bestimmte Zeichen und mehr oder weniger klare Bilder, die dann ‚bewusst' reproduziert und kombiniert werden können [...]. Dieses Kombinationsspiel scheint mir das wesentliche Charakteristikum schöpferischen Denkens zu sein – weit vor jedweder Verbindung aus logischen Konstrukten in Worten oder anderen Zeichen, die dann weiter kommuniziert werden können."

Die Sache ist nämlich die: Wenn Sie mit Bildern und Gefühlen spielen, wissen Sie nie, wann Sie mit der entscheidenden Einflüsterung rechnen können. Nehmen Sie August Kekulé von Stradonitz, den deutschen Chemiker, der die Struktur des Benzols entschlüsselt hat. Eines späten Abends saß er am Kamin und starrte ins Feuer. Es war ein altmodischer Kamin, in dem die Flammen in alle Richtungen züngelten. Nach einer Weile schien er darin Schlangen zu sehen – und je länger er in seinem schläfrigen, entspannten

Zustand hinstarrte, umso mehr sahen die Flammen wie Schlangen aus, die sich selbst in den Schwanz bissen. Und noch während er weiter schläfrig dasaß, schoss ihm mit einem Mal durch den Kopf, dass die Schlange, die sich in den Schwanz biss, die Form eines Ringes hatte – genau wie das Benzolmolekül.

Und wenn Ihre logisch-analytische „Hasen-Denkweise" erschnüffelt, dass Sie mit den Gedanken zu weit schweifen und sich zumindest *irgendwo* nüchternes, logisches Denken einstellen sollte ...

Dann denken Sie an den größten Entwickler aller Zeiten: Edison, der die Glühbirne erfand. Er stellte fest, dass er die besten Ideen hatte, wenn er sich in diesem eigentümlichen Grenzland zwischen Wachsein und Schlaf befand. Also setzte er sich gern in einen gemütlichen Lehnstuhl, stellte eine Metallschale daneben und nahm ein paar Kugellager in die Hand. Sobald er einnickte, entspannte sich seine Hand, die Kugellager schepperten in die Schale und weckten ihn auf. Er nahm sie wieder hoch, lehnte sich zurück und glitt von Neuem in diesen schläfrigen, träumerischen Geisteszustand, in dem er eben noch gewesen war.

Wenn wir also mit unserem Unbewusstsein in Kontakt treten, schickt es uns Hinweise und schubst uns leicht an, und *deshalb* muss es ganz ruhig sein. Deshalb betreiben wir diese Form der Meditation. Denn wenn wir das nicht tun, wenn wir stattdessen auf und ab tigern, auf die Uhr gucken, und auf unser Smartphone, besteht beim besten Willen keine Hoffnung, dass wir die subtilen Nachrichten empfangen, die uns geschickt werden.

Ein Wort zur Warnung: **Wenn wir versuchen, kreativ zu sein, ist dieser Prozess in weiten Teilen von einem echten Mangel an Klarheit geprägt.** Unser rationaler, analytischer Geist liebt diese Klarheit – er *betet sie regelrecht an.* Doch zu Beginn des Kreativprozesses kann es keine Klarheit geben. Da muss es verwirrend sein. Wenn es sich um eine neue Idee handelt – wie sollten wir sie auch sofort verstehen? Die Idee hatten wir doch noch nie! Sie fühlt sich unvertraut an. Deshalb findet bei der „Schildkröten-Denkweise" vieles in einer Atmosphäre der Unsicherheit und der leichten Verwirrung statt.

Insofern ist es sehr wichtig, dass Sie sich nicht hetzen. **Lassen Sie Ihre neuartigen Gedanken nach und nach klarer und immer klarer werden.** Irgendwann stellt sich die echte Klarheit schon ein.

Und in diesem Moment kommt Ihnen ... die neue Idee!

Haben Sie bemerkt, dass ich nicht von einer „guten Idee" gesprochen habe? Sie kann nämlich richtig bescheuert sein. Sie kann aber auch brillant sein.

Nur wie können Sie wissen, ob sie bescheuert oder brillant ist – oder ein bisschen von beidem?

An dieser Stelle – sobald Sie Ihre neue Idee halbwegs klar vor sich sehen – schalten Sie Ihr kritisches, analytisches, faktenbasiertes Denken ein, um die Idee zu durchleuchten.

Ja, der „Hase" in Ihnen, der die ganze Zeit nur herumgesessen und Öhrchen gedreht hat, darf jetzt endlich mitspielen und all seine nüchternen, „wissenschaftlichen" Maßstäbe anlegen: Er darf Daten sammeln, nachmessen, zu logischen Schlussfolgerungen kommen und Ihre neue Idee auf Herz und Nieren prüfen ... *und sehen, ob sie wirklich etwas taugt.*

Ja? Nein? Oder ... vielleicht?

Möglich, dass Ihre Idee sowohl gute als auch nicht so gute Elemente enthält. Wenn das der Fall sein sollte und sobald Sie mittels logischen Denkens herausgefunden haben, welche Teile Sie beibehalten und welche Sie über Bord werfen wollen, können Sie wieder in den Kreativmodus schalten und an die guten Anteile anknüpfen.

Trotzdem ist es wesentlich, dass **Sie bei einer neuen Idee nicht allzu schnell allzu kritisch mit sich sind.** Ihr logisches Denken sollte Ihre neuen und „unfertigen“ Ideen erst unter Beschuss nehmen, sobald sie Zeit hatten zu reifen und klarer und robuster geworden sind. Neue Ideen sind wie Pflänzchen – im Handumdrehen sind sie verkümmert.

Üben Sie sich in Geduld, bis Sie ein gutes Gefühl dafür haben, was Sie erdacht haben. Anschließend dürfen Sie kritisch denken. Vorher nicht.

Es gibt eine relativ gute Methode, um festzustellen, ob Ihre Kreativzeit Früchte getragen hat und ob Sie den nächsten Schritt tun sollten. Wenn Sie feststellen, dass Sie eine Menge vager neuer Ideen hatten und sich von alledem irgendwie überfordert und verwirrt fühlen, dann ist der Moment gekommen, diese Ideen zu sortieren und Ihre Logik dazuzubitten.

Sie sind also jetzt in der logischen, kritischen Phase. Nachdem Sie alles durchleuchtet haben, schleicht sich nach einer Weile die *Langeweile* ein. Dies ist der Hinweis, dass der Moment gekommen ist, in den Kreativmodus zurückzuschalten. Sie wechseln also hin und her zwischen kreativer und analytischer Denkweise – bis schlussendlich etwas entstanden ist, das ein klitzekleines bisschen besonders ist.

Dieses Hin und Her nennt sich im Fachjargon Iteration. Genau das tun kreative Menschen – die ganze Zeit.

Als ich das Drehbuch für *Ein Fisch namens Wanda* schrieb, habe ich das ebenfalls gemacht. Ich habe eine Version nach der anderen überarbeitet, indem ich meine „Schildkröten-Denkweise" einsetzte, um neue Ideen zu entwickeln und Probleme zu lösen, und meine Ideen anschließend mithilfe der „Hasen-Denkweise" sortierte und logische Brüche aufspürte. Am Ende brauchte ich dreizehn Überarbeitungsdurchgänge, aber ich wusste, das war es wert, weil das

Drehbuch mit jedem Mal ein bisschen besser wurde. Das Endergebnis war dann auch der einzige Drehbuchpreis, den ich je gewonnen habe.

„Schildkröten-Denkweise“.

„Hasen-Denkweise“.

Die beiden brauchen einander.

Halten Sie sie nur voneinander fern!

*Zu Beginn
des Kreativprozesses
kann es keine
Klarheit geben.*

Da muss es verwirrend sein.

* * * * * * * * * *

* * * * * * * * * *

* * * * * * * * * *

* * * * * * * * * *

* * * * * * * * * *

* * * * * * * * * *

* * * * * * * * * *

* * * * * * * * * *

* * * * * * * * * *

* * * * * * * * * *

* * * * * * * * * *

* * * * * * * * * *

* * * * * * * * * *

* * * * * * * * * *

* * * * * * * * * *

* * * * * * * * * *

HINWEISE UND EMPFEHLUNGEN

In diesem Kapitel soll es um einige meiner Erfahrungen als Autor gehen, allerdings erzählen mir Leute aus unterschiedlichsten Branchen – von Künstlern bis zu Psychiatern und von Musikern bis zu Erfindern –, dass ihre Denkprozesse ganz ähnlich verlaufen, wenn sie neue Ideen entwickeln. Daher hoffe ich, dass die folgenden eher willkürlich zusammengestellten Schreibtipps auch für Kreative in anderen Bereichen hilfreich sein mögen.

SCHREIBEN SIE ÜBER DAS, WAS SIE KENNEN

*

Wenn man sein erstes Buch schreibt, bekommt man nicht selten zu hören: „Schreib über das, was du kennst." Dieser Ratschlag erinnert mich immer an die Schilder in der Londoner U-Bahn: „Zum Lüften Fenster öffnen." Mit anderen Worten: Er fällt in die „Ach, echt?"-Kategorie. Ich meine – wie wahrscheinlich ist es, dass Sie denken: „Na ja, ich weiß rein gar nichts über Wespenzucht in North Dakota, also soll der Held meines ersten Romans ein Wespenzüchter aus Bismarck sein.", oder: „Nachdem ich mein Lebtag auf einem großen Fangschiff malocht habe, schreibe ich jetzt die Biografie einer berühmten indonesischen Tempeltänzerin."

Selbstverständlich schreiben Sie über das, was Sie kennen!
Wenn Sie dann Erfolg gehabt haben und allen Ernstes über ein Thema schreiben wollen, von dem Sie keine Ahnung haben, können Sie immer noch lang und breit recherchieren. (Wenn Sie das wirklich, wirklich wollen.)

Ich glaube, diese Grundregel ist allgemeingültig: Sie dürften am ehesten auf einem Gebiet kreativ werden, auf dem Sie sich auskennen und das Ihnen wichtig ist.

DIE SUCHE NACH INSPIRATION

*

Wenn Sie erstmals kreativ werden wollen, haben Sie keine Ahnung, was Ihnen bevorsteht. Aber ob Sie nun schreiben oder malen oder ein Lied komponieren: Am Anfang muss eine Idee stehen. Als Anfänger ist es nicht sehr wahrscheinlich, dass diese Idee gleich eine Glanzleistung ist. „Leihen" Sie sich also eine Idee von jemandem, den Sie verehren – eine Idee, die für Sie ganz persönlich einen besonderen Reiz hat. Wenn Sie sich diese Idee vornehmen, verinnerlichen Sie sie, indem

Sie damit spielen. Sie lernen – und von jemandem zu lernen, den Sie verehren, ist kein Diebstahl. So was nennt sich „Inspiration“.

Natürlich heißt das nicht, dass Sie sklavisch kopieren, was ein anderer vor Ihnen geleistet hat. Das wäre Diebstahl. Und was wäre der Sinn und Zweck, wenn Sie doch versuchen, selbst etwas Kreatives hervorzubringen? Etwas eins zu eins zu kopieren trainiert vielleicht die Technik, aber dieses Büchlein handelt von Kreativität, nicht von Plagiaten.

Wenn Ihnen bei der Vorstellung dieser Art „Anleihe“ irgendwie mulmig ist, schauen Sie sich einen gewissen Shakespeare an. Der hat all seine Plots gestohlen und sie dann ziemlich kreativ weiterentwickelt.

DER KURSWECHSEL

*

Hier lautet das Zauberwort „Wechsel“. Das klingt sofort nach Auswechseln oder Ausrangieren. Aber nehmen wir mal an, der Kurswechsel ist nur eine Kurskorrektur, ein Nachjustieren. Eine klitzekleine Veränderung, wie etwa die Rose in einem bunten Strauß eher in Richtung Mitte zu setzen auch nur ein klitzeklein wenig kreativ ist – während Einsteins Relativitätstheorie bei der „größten wissenschaftlichen Neuausrichtung aller Zeiten“ wahrscheinlich als Sieger hervorgeht.

Das Grundprinzip ist das folgende: Je einschneidender die Korrektur, umso länger dürfte die Kreativphase andauern.

Wenn Sie kreativ schreiben, können Sie Ihre Texte enorm verbessern, indem Sie viele kleinere Korrekturen vornehmen, die an und für sich nicht sehr kreativ sind. Sie können auch über eine größere Ergänzung nachdenken – oder Sie vollziehen einen jähen Sinneswandel wie Steven Spielberg, dem bei der Arbeit an *Der weiße Hai* dämmerte, dass das Publikum den Hai gar nicht ständig vor Augen haben musste. Wie war das gleich wieder? Das Unbewusstsein ist völlig unberechenbar. Viele Nobelpreisträger berichten, dass ihnen der Durchbruch aus heiterem Himmel gelungen ist: Nachdem sie jahrelang an einem Problem getüftelt hatten, war die Lösung ... plötzlich einfach da. Einige haben sogar das Gefühl, dass sie die Auszeichnung gar nicht verdient hätten, weil die Idee eher eine „Eingebung" war und sie nicht den Eindruck hatten, sie wirklich selbst hervorgebracht zu haben.

DRANBLEIBEN

*

Wenn Sie in der Welt der Wissenschaft oder Architektur oder Medizin kreativ werden wollen, müssen Sie zunächst Jahre mit Lernen verbringen, bevor Sie so weit sind, kreativ an eine Sache heranzugehen, über die Ihre Kollegen nicht vielleicht längst Bescheid wissen.

In der Kunst hingegen kommt es manchmal vor, dass erfolgreiche Romanautoren nie wieder die Originalität ihres allerersten Buches erreichen. Grund dafür ist, dass Anfänger in ihrer Herangehensweise mitunter eine Frische an den Tag legen, die mit der Zeit verblasst. Picasso hat mal gesagt, dass er mit zehn Jahren besser gezeichnet hat als in seinem restlichen Leben. Edvard Munchs Spätwerk hatte nie wieder die Intensität seiner frühen Bilder.

Buddhisten haben einen Ausdruck dafür – den „Anfängergeist“ –, der besagt, dass eine Erfahrung lebendiger sein kann, wenn sie nicht von Gewöhnung eingetrübt wird. Es ist das psychologische Äquivalent zum sogenannten Ertragsgesetz aus der Ökonomie. Aufgrund genau dieser Gesetzmäßigkeit scheinen selbst die hellsten Köpfe Arbeiten zu produzieren, die sich in drei Phasen einteilen lassen: Anfangs, während sie ihr Handwerk gerade beherrschen lernen, produzieren sie originelle Arbeiten. Sobald sie ihr Handwerk beherrschen, drücken sie ihre gereiften Ideen in ihren besten Werken aus. Irgendwann lässt diese Strahlkraft nach, weil die Erkenntnisse zusehends zur Gewohnheit werden.

Dass jemand ein konstant hohes „Frische-Niveau“ hält, scheint unter Kreativen selten zu sein. Viele werden im Zuge großer Einsichten und wachsender Sachkenntnis auf ihrem Gebiet zusehends konventionell in ihren Denkmustern. Andere – wie der Physiker Richard Feynman – schaffen es, die Fähigkeit aufrechtzuerhalten, immerzu neue Ideen zu produzieren. Oder anders: Sie lernen, ihr Unbewusstsein zu nähren und ihm zu vertrauen. Feynman verbrachte viel Zeit am Schlagzeug; der große Mathematiker John Conway hat viel Gitarre gespielt.

Und dieses Spielen ... hält Sie „frisch“.

Blockaden sind keine Unterbrechungen im Kreativprozess –

* * * * * * * * * *
* * * * * * * * * *
* * * * * * * * * *

sie sind
Teil
des Ganzen.

* * * * * * * * * *
* * * * * * * * * *
* * * * * * * * * *

MIT RÜCKSCHLÄGEN KLARKOMMEN

*

Wann immer Sie versuchen, etwas Originelles zu produzieren, werden Sie feststellen, dass es an einigen Tagen richtig gut läuft und an anderen gar nicht. Als Graham Chapman und ich anfingen, gemeinsam Stücke zu schreiben, waren wir mitunter schrecklich frustriert und verzweifelt, wenn wir eine unproduktive Phase hatten – manchmal den gesamten Vormittag lang oder sogar einen ganzen Tag, an dem nichts richtig Gutes herauskam. Irgendwann stellten wir jedoch fest, dass wir trotz allem einen konstanten Schnitt hielten: Woche für Woche schrieben wir etwa fünfzehn bis achtzehn Minuten richtig gutes Zeug. Dazu mussten wir bloß dasitzen – ob es lief oder nicht –, und bis Freitag hatten wir genug zusammen. Allmählich dämmerte uns, dass die Blockaden keine Unterbrechungen im Kreativprozess waren – sie waren Teil des Ganzen. Wenn Sie beispielsweise essen, dann ist der Moment, in dem die Gabel leer zurück zum Teller wandert, kein Fehlschlag; er ist einfach Teil des Essvorgangs.

Der Anthropologe Gregory Bateson hat einmal gesagt: „Man kann keine neue Idee haben, ehe man eine alte losgeworden ist." Diese Einsicht hat mir geholfen, meine unproduktiven Phasen als Vorbereitungen für die produktiven anzuerkennen und somit als untrennbaren Teil des gesamten Schaffensprozesses. Geißeln Sie sich also nicht, wenn's mal nicht läuft. Fragen Sie sich nicht, ob Sie lieber umschulen und Priester werden sollten. Bleiben Sie sitzen und spielen Sie, bis Ihr Unbewusstsein bereit ist, ein paar Dinge auszuspucken. Sich entmutigen zu lassen ist totale Zeitverschwendung.

JE FRÜHER DIE PANIK …

*

Ich habe die Erfahrung gemacht, dass ich immer schlagartig panisch werde, wenn ich einem schwierigen Problem gegenüberstehe. Es ist die reinste Horrorvorstellung, dass ich nicht imstande sein könnte, das Problem zu lösen, mit dem ich gerade kämpfe. Und Schreiben *ist* ein Kampf. Oder lassen Sie es mich anders sagen: Schreiben ist einfach. Gut zu schreiben ist eine Herausforderung. (Ein Freund von mir war mit seinem kleinen Sohn in einem Restaurant, als Harold Pinter hereinkam. Er sagte zu seinem Sohn: „Das ist Harold Pinter, der kann richtig gut schreiben." Und der Junge erwiderte: „Oh, auch das W?")

Wenn Sie sich also – genau wie ich – im Angesicht einer Herausforderung verunsichert fühlen, habe ich einen Ratschlag für Sie: Werden Sie gleich zu Anfang panisch. Das Gute an der Panik ist, dass sie Ihnen Energie beschert. Man denkt nämlich nicht: „Jetzt habe ich Panik, da mache ich doch erst einmal ein Nickerchen." Nein, die Panik hilft Ihnen dabei, sich an die Arbeit zu machen.

Erwarten Sie nur nicht, dass Sie in allernächster Zeit etwas fertigbringen. Machen Sie sich fürs Erste ein paar Notizen, auch wenn Sie genau wissen, dass die nichts Besonderes sind und Sie sie ziemlich bald wieder verwerfen. Aber mal abgesehen von allem anderen hilft Ihnen das, sich wieder zu beruhigen, weil Sie fürs Erste nichts von sich erwarten und so auch kaum scheitern können. Und selbst jetzt triggern Sie bereits Ihr Unbewusstsein ...

Der Schlüssel ist, erst einmal anzufangen, auch wenn es sich anfühlt, als würden Sie eine emotionale Straßensperre durchbrechen müssen.

Fangen Sie mit einfachen Dingen an, wie ... Für wen schreiben Sie eigentlich? Womöglich für Fachkollegen. Dann müssen Sie nichts Spannendes produzieren. Oder für Leute mit einer begrenzten Aufmerksamkeitsspanne? Da sollte es besser *richtig* spannend sein. Als Nächstes fragen Sie sich, ob Ihr Publikum einfach schluckt, was Sie sagen, oder ob Sie auf Widerstand stoßen könnten. Wenn ja, müssen Sie es von sich überzeugen und dürfen ihm nicht einfach irgendwas vorsetzen.

Dann können Sie anfangen zu überlegen: „Was will ich eigentlich wirklich sagen?“ oder: „Was ist der Sinn und Zweck dieses Artikels oder dieser Rede oder des

Buches oder Theaterstücks oder Manifests oder der E-Mail?" Überlegen Sie sich unterschiedliche Herangehensweisen, wägen Sie sie gegeneinander ab und fangen Sie an, Schlüsselinformationen und Hintergrundwissen zusammenzutragen – es hat noch nie geschadet, ein paar Zitate einzustreuen! Füttern Sie auf diese Weise – Sie ahnen es – weiter Ihr Unbewusstsein, und es wird weiter darauf herumkauen, sobald Sie selbst aufhören zu arbeiten. Wenn Sie jetzt eine Runde spazieren gehen, wird Ihnen genau deshalb bei Ihrer Rückkehr die eine oder andere neue Idee gekommen sein, die Sie Ihren Notizen hinzufügen können.

Und zu guter Letzt ... Je tiefer Sie in die Schreibarbeit einsteigen, behalten Sie immer eins im Sinn: „Weil Kürze denn des Witzes Seele ist", ist sie auch Regel Nummer eins, um die Leute nicht zu langweilen. Denken Sie immer an das berühmte Zitat: „Entschuldige den langen Brief, für einen kurzen hatte ich keine Zeit." Wenn Sie also mit Ihrem ersten Entwurf fertig sind:

1. Streichen Sie alles, was irrelevant ist. (Sie werden überrascht sein, wie viel das ist!)

2. Wiederholen Sie sich nicht, außer es ist Absicht.

Gutes Gelingen! Und jetzt – loslegen!

IHRE LAUNE BESTIMMT IHRE GEDANKEN

*

Als mein Freund Professor Brian Bates genau das vor Jahrzehnten erwähnte, war es für mich die schiere Erleuchtung. Dabei ... ist es so offensichtlich! Wie konnte ich das nicht bemerken, obwohl es doch auf der Hand lag? Dass wir keine fröhlichen, optimistischen, energiegeladenen Gedanken haben, wenn wir niedergeschlagen sind, wissen wir alle. Und wenn wir gut gelaunt sind, können wir düstere, pessimistische Gedanken doch gar nicht ernst nehmen. Wenn wir wütend sind, wollen wir nicht mit den Kätzchen spielen – wir wollen Rachepläne schmieden! Wenn wir beunruhigt sind, machen wir uns Sorgen. Wenn wir komplett von uns überzeugt sind, fühlen wir uns entschlusskräftig. Wenn wir neidisch sind, können wir uns für die Erfolge von anderen nicht übermäßig freuen.

Nun ist Kreativität genau genommen keine Gefühlslage. Sie ist eine Geisteshaltung. Aber wenn Sie die falsche Geisteshaltung einnehmen – wenn Sie abgelenkt sind oder sich wegen etwas anderem Sorgen machen –, werden Sie auch nicht kreativ sein.

***Kreativität
ist keine
Gefühlslage.***

Sie ist

eine

Geisteshaltung.

DIE GEFAHREN DER SELBSTÜBERSCHÄTZUNG

*

Eine Grundregel besagt: Wenn Leute absolut sicher sind, dass sie genau wissen, was sie tun, dann schwindet die Kreativität. Weil sie nämlich glauben, dass sie nichts mehr dazulernen können. Sobald man an diesen Punkt kommt, hört man automatisch auf, sich neue Kenntnisse anzueignen, und fällt in althergebrachte Muster zurück. Und das heißt, dass man sich nicht mehr weiterentwickelt.

Das Problem ist ja, dass die meisten Leute recht haben wollen. Aber die Besten von uns wollen wissen, *ob* sie recht haben. Das ist das Tolle am Schreiben von Comedy: Wenn das Publikum nicht lacht, wissen Sie, dass Sie falschgelegen haben.

IDEEN ABKLOPFEN

*

Wenn Sie eine neue Idee haben, gibt es zwei Methoden, um sie abzuklopfen. Eine davon habe ich bereits beschrieben: Sie schicken Ihre kritischen Fähigkeiten, die während der spielerischen Phase zurückstehen mussten, wieder ins Rennen und beurteilen, was Sie zustande gebracht haben. Sie haben sich über Ihre Idee mittlerweile hinreichend Klarheit verschafft und sind in der Lage, sie zu evaluieren. Wenn Sie beschließen sollten, dass da noch Luft nach oben ist, treten

Sie in die Iterationsphase ein, bis Sie mit Ihrer Idee zufrieden sind. Natürlich ist hierfür erforderlich, dass Sie sie auch gut einschätzen können, aber wenn Sie neugierig sind und wissbegierig, wird Ihre Beurteilung besser, je mehr Kenntnisse mit einfließen. Sie werden dabei zwangsläufig auch Fehler machen – aber selbst die tragen dazu bei, dass Sie Ihre Urteilsfähigkeit für alles Weitere schärfen.

Sobald Sie sich sicher sind, dass Sie Ihre neue Idee mögen, können Sie im nächsten Schritt vom Denken zum Handeln übergehen – vom Plan zur Aktion. Dies mag ein kleiner oder ein gewaltiger Schritt sein. Wenn Sie ein Auto designt haben und nun zur Produktion übergehen wollen, scheint der Schritt riesig zu sein. (Es sei denn, Sie sind Chefdesigner bei Ford.) Wenn Sie ein Kleid entworfen haben, liegt die Umsetzung eher in greifbarer Nähe; in diesem Fall können Sie es anprobieren und sehen, wie gut es Ihnen wirklich gefällt. Wenn Sie endlich ein Buch fertig geschrieben oder ein Bild gemalt haben, können Sie es Leuten zeigen, deren Urteil Sie schätzen, und in Erfahrung bringen, ob ihre Einschätzung vielleicht Einfluss darauf hat, wie Sie selbst Ihr Werk beurteilen. Wenn Sie Soldat sind und einen Schlachtplan entwickelt haben, gehen Sie besser zum Angriff über. (In so einer Situation erst Feedback einzuholen wird Sie nicht weiterbringen.) Wenn Sie ein Drehbuch verfasst haben, müssen Sie einen Produzenten finden, der es so gut findet, dass er es umsetzen will. (Und hier sollten Sie mit weiterer Iteration rechnen.)

SICH VON LIEB GEWONNENEM TRENNEN

*

Als mein Freund, der großartige Drehbuchautor Bill Goldman, mir mal bei einem Drehbuch geholfen hatte, riet er mir, „mit meinen Lieblingen kurzen Prozess zu machen" – ein Hinweis, den er von William Faulkner entliehen zu haben glaubte. Ich war einigermaßen vor den Kopf gestoßen, glaube aber, dass ich inzwischen nachvollziehen kann, was er damals meinte. Ihm ging es darum, dass sich jedes gute Kunstwerk während des Schaffensprozesses verändert – und zwar manchmal grundlegend. Ein Autor mag eine fantastische Idee haben, von der er vollends überzeugt ist; das wäre der „Liebling“. Während sich das Projekt aber unausweichlich weiterentwickelt, verändern sich Teile der Geschichte, und plötzlich passt der „Liebling“ nicht mehr recht zur neuen Version. Ein guter Autor wirft ihn dann über Bord; ein weniger guter Autor hängt an seinem Liebling und verhindert so, dass seine Geschichte neue Gestalt annimmt. Erfahrungsgemäß hängen jüngere Autoren besonders an ihren Lieblingen; erfahrenere sind es irgendwann gewöhnt, alles zu überarbeiten und neu zu formulieren, sodass es ihnen leichter fällt, ihre lieb gewonnenen Ideen über die Klinge springen zu lassen. Sie sind einfach viel mordlustiger.

FEEDBACK EINHOLEN

*

Wenn Sie mit dem Schreiben schon einige Erfahrung haben und anderen Ihre Texte zeigen, gibt es vier Fragen, die Sie stellen sollten:

1. An welcher Stelle haben Sie sich gelangweilt?

2. An welcher Stelle haben Sie nicht recht verstanden, was vor sich ging?

3. An welcher Stelle war etwas unglaubwürdig?

4. Gab es irgendetwas, was Sie gefühlsmäßig verwirrt hat?

Sobald Sie die Antworten haben, ziehen Sie sich zurück, überlegen Sie, ob diese Probleme nachvollziehbar sind, und ... *beheben Sie sie selbst.* Die Leute, um deren Meinung Sie gebeten haben, werden Ihnen ebenfalls Lösungen anbieten. Die ignorieren Sie bitte komplett. Lächeln Sie, gucken Sie interessiert, bedanken Sie sich und gehen. Weil die anderen nämlich keine Ahnung haben, wovon sie reden. Es sei denn, sie sind selbst Autoren. In diesem Fall ... hören Sie genau hin! Doch letztendlich müssen Sie allein entscheiden, welche Kritikpunkte und Vorschläge Sie umsetzen.

Während Sie darüber nachdenken, fragen Sie sich nicht, wer dabei recht hat; fragen Sie, welche Lösung besser ist.

Wann Sie Feedback einholen sollten? Meiner Ansicht nach ab dem Moment, in dem Sie sich selbst hinreichend Klarheit verschafft haben, damit das Urteil eines Außenstehenden auch tatsächlich hilfreich sein kann.

Warten Sie nicht, bis Sie das Gefühl haben, Ihre Idee oder Ihr Projekt ist jetzt so gut wie nur irgend möglich. Wenn Sie zu spät Feedback einholen, vergeuden Sie mitunter eine Menge Zeit. Wenn ich eine Rede schreibe, bitte ich immer vier, fünf Leute, sich die erste Fassung anzuhören. Auf diese Weise finde ich sofort heraus, was die Leute packt und was nicht.

Die zweite Fassung kann dann bis zu fünfzig Prozent anders sein. Diese Version zeige ich um der neuen Perspektive willen zwei, drei anderen Leuten. Dieser Iterationsprozess geht dann weiter, bis ich mit den Antworten meiner Gegenüber zufrieden bin. Manchmal schicke ich die allerletzte Version noch mal an diejenigen, die zuerst dran waren. Fast zwangsläufig sagen sie alle überrascht: „Oh, das ist ja viel besser!“

Wieso bloß?

Wenn Sie eine Erzählung schreiben, erzählen Sie jemandem grob von der Handlung. Achten Sie genau darauf, an welcher Stelle das Interesse nachlässt, denn genau da läuft in der Geschichte etwas schief. Beim nächsten Mal hoffen Sie darauf, dass Sie ein gutes Stück weiterkommen, ehe die Aufmerksamkeit Ihrer Zuhörer nachlässt ...

* * * * * * * * * *
* * * * * * * * * *
* * * * * * * * * *
* * * * * * * * * *
* * * * * * * * * *
* * * * * * * * * *
* * * * * * * * * *
* * * * * * * * * *
* * * * * * * * * *
* * * * * * * * * *
* * * * * * * * * *
* * * * * * * * * *
* * * * * * * * * *
* * * * * * * * * *
* * * * * * * * * *
* * * * * * * * * *

EIGENE IDEEN UND KREATIVE EINFÄLLE

FSC
www.fsc.org
MIX
Papier aus verantwortungsvollen Quellen
FSC® C145070

echtEMF ist eine Marke der Edition Michael Fischer.

2. Auflage

Covergestaltung: Sonja Bauernfeind,
unter Verwendung von Illustrationen von Jonathan Burton
Redaktion und Lektorat: Alina Rothmeier
Layout und Satz: Sonja Bauernfeind
Gedruckt bei GGP Media GmbH, Karl-Marx-Straße 24, 07381 Pößneck

ISBN 978-3-7459-0694-3
www.emf-verlag.de